公共をめぐる攻防

市民的公共性を考える

樽見　弘紀

北海学園大学法学部教授

地方自治土曜講座ブックレットＮｏ．107

1　はじめに　～いつかトクヴィルがみた光景～

トマス・クーンという科学史家がいます。クーンは、一九六〇年代の名著『科学革命の構造』という本の中で「パラダイムの転換」という言葉を初めて公にした人として知られています。今日、私たちも時代の規範とか、時代の常識といった意味で「パラダイム」という言葉をよく使います。比較的人口に膾炙した言葉かと思います。

この「パラダイムの転換」と言ったクーンは、その本の中で「学者には二通りの学者がいる」というようなことを言っています。ここでクーンが話題にしている「学者」とは、直接には当時の狭義の科学アカデミア、すなわち限られた自然科学領域で働く研究者のことを指していて、一般的な意味ではなかったのですが、いずれにしろ「二通り」の一つはまさに時代の常識を覆すような天才肌、あるいはひらめき型の学者のことで、世の中には、確かにそうしたパラダイムの転換に役割を果たす学者の一群がいる、ということです。他方で、たいがいの学者は、それら「ひらめき型」の学者の研究業績の後追いの作業、あるいは後始末の作業に人生を捧げるのだ、というようなことを言っています。

クーンが言った自然科学の学者事情というのは、実は社会科学の分野にも共通のものであると思います。もちろん、私は間違いなく日々、何らかの後追いの作業に終始しているような気がします。事実、今日お話することの大方も、実はアメリカに暮らしました二〇年ほど前の数年間、向こうで学んだ市民社会の主だった現象が、まさに現代の、つまり二一世紀初頭の日本で起きている、二〇年前に向こうで見聞したことの後追いがいま日本で始まろうとしている、ということについてです。

本日みなさんにお話しますのは、つまりは「公共を誰がどのように担うのか」ということに関することですが、あるいは、アレクシ・ド・トクヴィルが一七〇年ほど前に書いた『アメリカの民主主義』のなかに、そのキーワードはすべて網羅されているような、そんな「後追い」の作業になるかもしれません。フランスの官僚であり、法律家であり、貴族であったトクヴィルは、『アメリカの民主主義』のなかで、新大陸としてのアメリカに来て感じたこと、考えたことについてほとばしるような言葉を並べています。そのトクヴィルのいちいちの驚きが、現代社会の急激な変化に戸惑ったり、わくわくしたりしている日本の私たちの有様と不思議に符号しているような気がしてなりません。トクヴィルがいつかアメリカで観た光景を、私たちは時と場所を違えたここ日本で追体験しているのでは、との思いさえ持ちます。トクヴィルのことは、このあと最後の方で再度触れさせていただきたいと思います。

2　進む公益法人改革

さて、郵政民営化の議論の陰に隠れてあまり注目されませんが、小泉内閣の下でいま（二〇〇五年六月現在）、いわゆる公益法人改革が着々と進行中です。まずは、このことに触れたのち、その意味するところを少し私なりに解説してみたいと思います。

みなさんのお手許の資料として、平成一四年三月二九日の閣議決定（資料2の1）と平成一六年一二月二四日の閣議決定（資料2の2）をお配りしています。この閣議決定では、民法第三四条（資料2の3）に依拠する現行の公益法人制度はそろそろ改革の時期にきている、変えなければいけない、ということが述べられています。

では、公益法人制度の何が問題で、どんな改革が必要だというのでしょうか。同閣議決定の「別紙」には、

「現行の公益法人の設立に係る許可主義を改め、法人格の取得と公益性の判断を分離することとし、公益性の有無に関わらず、準則主義（登記）により簡便に設立できる一般的な公益法人制度を創設する。また、各官庁が裁量により公益法人の設立許可等を行う主務官庁制を抜本的に見直し、民間有識者からなる委員会の意見に基づき、一般的な非営利法人について目的、事業等の公益性を判断する仕組みを創設する」

とあります。

ここでの重要な用語は大きくは三つです。

一つは準則主義という言葉です。これまで主務官庁として公益法人の設立の許可に関わってきた役所がこの権限を手放す、ということで、実現すれば、民法制定の明治二九年以来の大改革ということになります。許可主義に代わって、法律に定められた要件を具備していれば自動的に非営利法人として認める、という法人設立の準則主義、すなわち登録制（届出制）にすべきだ、ということが一点目です。

二つ目は、すでに触れていますように、主務官庁制を抜本的に見直す、ということです。

三つ目は、団体の公益性を判断する仕組みを新たにつくる、ということ。これも主務官庁制を抜本的に見直すことと裏腹の関係にあるわけですが、どうやら第三者機関を設置し公益性を客観的に判断する新しい仕組みをつくるということで政府の方針が大枠で決まりつつあるようです。

この平成一六年一二月の閣議決定を受けて、現在、非営利法人改革を検討する有識者会議、あるいはワーキンググループ、またその税制を考える税調の有識者会議、またはそのワーキンググループといった「分科会」が同時並行的に公益法人改革を議論しています。これらの議論を経て、新しい非営利法人制度の輪郭が多分平成一八年度議会には新しい法案として上ってくるのではないかと予想されるところです[1]。

1　参院行政改革特別委員会（尾辻秀久委員長）は2006年5月25日、行政改革推進法案・市場化テスト法案と並んで「公益法人制度改革関連3法案」を賛成多数で可決。翌5月26日の参院本会議でも賛成多数で可決され成立した。

3　公共性と非営利性を腑分けする

結論的に申し上げますと、今回の公益法人改革は、公益法人がもつ公共性と非営利性を区別しよう、腑分けしてみようということだ、と要約できます。

現行の公益法人が公益法人たるためには、大きくは三つの条件を必要としています。

一つは、公益法人たるもの政府から独立した民間の団体でなければならない、すなわち民間性をもっていなければいけない、ということ。

二つ目は、営利を主たる目的としないこと、すなわち非営利性をもっていなければならない、ということ。

三つ目は、公共性。公益法人ですから当然のことですが、公共性・公益性というものを持っていなければいけない、ということです。これらが公益法人を公益法人たらしめる三つの要素と言えます。

しかしながら、長く当然のこととして考えれてきたこの公益法人の三原則は世界標準に照らすと多少なりとも異質な枠組であることが分かってきました。たとえば、この一〇数年、アメリカのジョーンズ・ホプキンス大学（Johns Hopkins University）の研究者グループが中心となって、全世界数十ケ国の非営利組織の比較研究を行ってきました。日本では大阪大学などがその受け皿機関になっていますが、公益法人をそのままこの国際比較研究にいう「非営利組織」の定義のなかに押し込めようとするとどうしても無理が生じる。具体的には、日本では非営利性と並んで公益性の有無をはじめから問題にする、という点が他と違っているようなのです。

では、世界標準のＮＰＯの定義、ここだけは譲れない最低限の原則とは何でしょうか。それは、非営利組織はつまるところ民間性と非営利性を持っているということ。民間性と非営利性を持っていればそれをＮＰＯと呼んで差し支えない、というおおよその国際的な共通認識がある、ということです。

繰り返しますが、この「世界標準」と日本の公益法人の考え方とは若干の違いがあります。すなわち公益法人であるためには、民間の団体であることに加えて、非営利であることと公益的であることの二つの条件をはじめから同時に併せもっていなければならない。しかも法人なりの過程で、必ずやお役人のお墨付きを必要とする、すなわち役所がその自由裁量権によって許認可するという制度が、日本ルールの公益法人制度、すなわちローカルルールとしての非営利法人体系の根幹部分だったわけです。

4　世界標準としての「二階建て」方式

では、進行中の公益法人改革では具体的に何が議論の中心になっているかというと、公益法人を改組した新しい形の非営利法人の法人設立は「二階建て」でいこうということが議論されています。すなわち、一階の入り口部分では、準則主義によって非営利法人としての法人格を比較的簡便な方法で取得可能にしましょう、ということ。この段階ではその団体が公共性を持っているかどうかは原則として問わない。

準則主義というのは、繰り返しますが、法律に定められた要件を具備していれば自動的に法人格が得られる、という法人設立の一つの考え方です。日ごろの生活で私たちにも馴染みが深い、たとえば「株式会社」の制度などはまさしくこの準則主義。会社をつくるには資本金や取締役会の体裁といったさまざまな法律のしばりがありますが、このしばり、要件さえ満たしていれば国や自治体の許可や認可とは無縁な存在である、これが法人設立の準則主義です。

この方式ですと、少し本気を出せば誰でも容易に一階部分には上がれる、すなわち法人格を取得できることになります。問題は、二階に上がる段になって初めて「公益性判断」の出番となるわけです。また、その公益性を誰が判断するのかというところまで踏み込もうとしているのが今回の改革の特徴です。結果、一定の公益性が認められる、つまり、二階に上がることができる団体だけが税制上の優遇策として、税の減免を受けることが可能になる、という制度が「二階建て」の骨子であります[2]。

2　2006年5月26日の公益法人制度改革関連3法案の可決・成立により、社団法人・財団法人制度は、「1階部分」としての一般社団法人・一般財団法人と、「2階部分」の公益社団法人・公益財団法人の各法人格に改組されることが決まった。

余談ですが、ここで言う「税の減免」とは、団体が団体として払う法人税の減免と、それら非営利の団体に対して寄付をなした人たちが受けることのできる「寄付金控除」（寄付者が法人の場合は「損金算入」）との大きくは二つの種類があるのですが、今日は時間の関係でこの問題には深くは立ち入りません。

5　公共性の高低を誰がはかるのか

さて、「二階建て」の議論は分かった。つまり、国際的にみればきわめて日本的なローカルルールをあらため、どちらかというとグローバル基準、世界標準の「二階建て」の制度にしましょう、というときに、では、一体全体誰がある団体は公益性が高く、ある団体は公益性が低いと決めるのか、ということが問題になります。すなわち公益性の判断主体についてどのように考えたらいいのかということです。

結論的にいえば、そうした公益性判断の主体については、各国にさまざまなローカルルールが存在するようです。たとえば、アメリカの場合は内国歳入庁（IRS:Internal Revenue Service）という税務当局が公益性判断の実質的な主体です。先に述べましたように、公益性の有無は税制上の優遇策と直結しているわけですから当然のような気もしますが、日本と形こそ違え、アメリカでも公益性判断は「お上」がなしている、というようがった見方ができないでもありません。ただ、そこには、このあとすぐに触れる「パブリックサポートテスト」といった、公益性判断に客観性を求める努力の片鱗が認められます。

他方、欧州に眼を転じると、たとえばイギリスの場合はチャリティ委員会という、有識者からなる第三者機関がその役割を果たすことになっています。さらに、フランスの場合は、コンセイユデタ（最高行政裁判所）が、この公益性判断主体の役割を担っているなど、やはり公益性判断の主体は国によってまちまちです。

実は、これらの諸外国の制度を参考にしながら、一部、先駆的に実現した制度が日本にもあります。一九九八年の一二月一日から施行されたいわゆるＮＰＯ法（特定非営利活動促進法）という法律に付随してできた優遇税制がそれです。もっとも、新しい法律としてのＮＰＯ法はスタート時点では税制優遇の制度が間に合いませんでした。当時、さまざまな政党が離合集散を繰り返していたという政治状況がありました。また、そもそもは「市民活動促進法」といった名称をもつ法律に落ち着くはずが、自民党の議員がこれに茶々を入れまして、法律名と条文のなかから「市民」という言葉を外すよう求めた、という出来事もこの時期起きました。そうしたなかで、このまま税制も一緒に議論しながら法案づくりを進めていくと法律そのものが不成立に終わる危険性があったものですから、税制の問題は一旦、積み残しとして、法律そのものの成立を急いだ、という背景があります。

6　日本版パブリックサポートテスト

ＮＰＯ法の成立からおよそ三年してできた新しい税の制度が「認定ＮＰＯ法人」制度です。この認定ＮＰＯ法人制度というのは、先ほども言いましたように、ＮＰＯ法人になった（「一階に上がることができた」）団体の中からとりわけ公益性が高いと認められる団体を「二階に上げ」て、税制上の優遇を施す、という制度です。

二〇〇五年四月末の段階でＮＰＯ法人と言われている団体は、全国に二万一千六百強ありますが、そのなかで公益性が認められ、晴れて認定ＮＰＯ法人になることができた団体は三四団体に過ぎません。もっとも、ついこの間まで二〇団体に満たない状況にありましたから「増加の傾向にある」と言って言えなくもありませんが、ＮＰＯ法人全体から見れば一％にもはるかに及ばないといった状況です。

ただ、諸外国の制度に倣い、公益性を判断するにあたって、極力役所の恣意性や裁量を排除する目的で、「公益性を数値化」する試みが採り入れられているのが、この認定ＮＰＯ法人制度の一番の特徴です。この試みは、一般には「日本版パブリックサポートテスト」（資料6の1および資料6の2）と言われています。

なぜ「日本版」なのかといえば、パブリックサポートテストのひな型は、前述のように、アメリカの内国歳入庁がすでに非営利組織の公益性認定に使っていたからです。それを日本風にアレンジして、修正を加えたものがこの「日本版」と言えます。

日本のパブリックサポートテストの中心は簡単な分数式です。この分数の分母には、当該のＮＰＯの一年間の総収入の金額を置きます。また、分子には、総収入の中でもとりわけ寄付金に類するものを置くわけです。そして、この解が五分の一以上であるなら、パブリックサポートテストは合格したものとみなします。

この「五分の一」、もともとは三分の一だったのですが、三分の一では合格する団体が一〇団体に満たず、「基準が厳しすぎる」との批判が市民の間で起きたため、後に政府はこれを五分の一に緩和しました。もっとも、日本版パブリックサポートテストは依然として厳しいテスト、とのある種の諦観が市民の間に蔓延しつつあるのも事実。さらなる改善策が急がれています。

総収入分の寄付金総額（寄付金等総額／総収入）が五分の一以上という規則は、広く浅く寄付を集めている団体を公益性の高い団体、すなわち公共的な団体であるとみなすという考え方を基本としています。

そもそも公益性といった非可視なるものを数値化すること自体に矛盾があるわけですが、今後も十分な改善検討がつづけられていくことを前提とするならば、このパブリックサポートテストには大いなる可能性があると私は考えています。なぜなら、決して完璧な判断基準とはいえませんが、それでもパブリックサポートテストそのものは公益性判断における役所の裁量の余地を取り去るという意味で大きな役割をもっているからです。

これから議論されていく公益法人あらため「非営利法人」の制度も、先に始まったこの認定ＮＰＯ法人制度に倣ってパブリックサポートテスト的な客観的要素、すなわち数値化プロセスのようなものが導入されるものと期待しています。

それは誰が見ても――官の立場からも民の立場からも――一定の納得できる数値データに一回置き換えることで、役所あるいは役人の裁量をぬぐい去るという努力が埋め込まれているということなのだろうと思います。

7　ル・シャプリエ法から「結社の自由」へ

フランスの話に戻しますと、フランスは、一九〇一年法、正確には一九〇一年七月一日法という法律によって、市民に完全なる結社の自由を認めました。この一九〇一年法の素晴らしい点、先駆的なところは、届け出をしようが届け出をしまいが、市民が団体をつくった瞬間にその団体は法人としての法的な根拠をもつことを明記している点です。

ただ、この、いわゆる無届出法人の場合は、さまざまな契約の主体にはなれません。いわゆる「権利能力なき社団」と同義ですが、それにしても今から百年以上も前に、市民団体について政府に届け出ようが届け出まいがその法的根拠を認めるとしたことに驚かされます。

非営利組織の法人設立主義は、フランスの場合も「二階建て」です。一九〇一年法によれば、届出非営利法人が「二階に上がる」ときには最高行政裁判所（コンセイユデタ）による公益性の認定を受けるという制度になっています。

この制度がフランスの市民にとって画期的だったのは、佐藤慶幸氏によれば、フランスは、フランス革命の後にル・シャプリエ法という法律によって一度は市民から完全に結社の自由を奪い去った国だからです。

一七九一年以降、フランス人は簡単に団体をつくることができなかった。その根底には、ルソーの社会的契約思想の影響が色濃くあると言われています。すなわち、個人の自由や生存を保障するのは他ならぬ国家だという考え方です。フランス革命が終結すると、個人の自由は国家が絶対的に保障をするという建前に立ち、国家はそういう権限をすべて自分たちに集約して、市民の自由な結社権を取り上げてしまったわけです。

そういう歴史的背景をもつフランスですから、一九〇一年法が謳う結社の自由が当時の市民に与えたインパクトは相当のものだったと容易に想像できます。

8　一％支援税制のもつ意味

国内に眼を転じますと、昨今の公共性、公益性の判断主体をめぐる議論の中で特筆に値する話題は、千葉県の市川市が今年（二〇〇五年）から始めたいわゆる一％支援税制ではないかと思います。これはたった一％分だけにせよ、税金の使途に納税者の意思を反映させることができる、という制度です。

具体的にはこうです。まず市川市に所在をもつＮＰＯ法人や市民グループに呼びかけて、あらかじめ登録をしてもらいます。初年度の場合、八一の団体がこの団体登録を済ませました。登録団体のなかには、たとえば、介護のグループ、あるいは自転車の再生利用を促進しているようなグループ、中には手品で老人ホームを回るようなグループがあります。その八一団体の活動内容やＰＲを一覧表にして市が市民に配布します。つづいて市民税を納めている納税者に「投票」を呼びかけるわけです。市は配分先を指定した納税者の市民税の一％をその団体に配分することになります。いわば、部分的な「使途指定納税」の制度です。

この制度について北海道大学公共政策大学院長の宮脇淳氏がテレビ（NHK「クローズアップ現代」）で、概略、次のような話をされていました。

市民団体が、たとえば政府の補助金を得ようとするときは、自分たちの活動について政府に向かって説明することを要求される。しかし、市川市の試みのように、市民が払った税金の一部を直接市民団体に振り向けるとなれば、今度は市民団体は市民に対して自分たちの考え方や活動を説明するようになるだろう、というものです。

大切な点だと思います。これまで政府からの補助金や助成金という形でしか、すなわち間接的にしか市民（納税者）の一人ひとりと繋がりをもたなかった各市民団体が、「一％支援税制」がはじまると、市民個々人のニーズを知り、これに応える努力を丁寧に果たすことを必要とします。直接的に市民の税金が自分たちに回ってくるとなれば、自分の活動を地道に知らしめる、英語で言うアウトリーチ（outreach）を進めていかなければなりません。結果、市民ときちんと向き合おうとする市民団体が増えることになるでしょう。

9 アメリカ版共同募金の教訓

市川市の話を聞いて真っ先に想起したのは、アメリカや日本の共同募金の制度についてです。みなさんのなかには、共同募金会の活動をきわめて日本的な活動と理解されている方も多いことと思います。しかし、歴史に学ぶと、一見日本的な共同募金会の制度が、実は戦後、アメリカのモデルの焼き直しとしてスタートしている事実に気づかされます。

戦後、連合国軍総司令部（ＧＨＱ）が日本に駐留するなりまずやったことの一つは、これまで政府が民間の社会福祉団体に直接に補助金を出してきたことを禁止することでした。戦前、戦中を通じてそのような補助制度が、大政翼賛会に代表される挙国体制的な戦時下制度の温床になったと考えたからです。結果、政府から一定の金額をもらっていた社会福祉団体が一斉に財政的に困窮してしまいます。

しかしＧＨＱは民間福祉団体に対する国の補助金支出を禁止する一方で、アメリカにすでにある制度としての「コミュニティチェスト」（のちにユナイテッドウェイと改名）という制度を模範に、共同募金のしくみづくりを提案します。こうして発足したのが、他でもない日本の共同募金会の制度です。

このコミュニティチェストを基盤にスタートした日本の共同募金会と、コミュニティチェストの後身であるユナイテッドウェイには多くの共通点とともに、いくつかの相違点があります。一番の相違点はお金を集める基盤が違うということです。

日本の共同募金会が、町内会やマンション理事会などを集金基盤とした地縁募金といった色彩をもっていることはよく知られています。ユナイテッドウェイもかつては地縁に立脚していた制度でしたが、後に制度を大きく改めて、現在では企業や政府機関といった職場を舞台にお金を集めるという職域募金を制度の中心に据えています。ここが一番の違いです。

これはアメリカの生活が長い知人に聞いた話ですが、向こうでは会社を転職するたびに総務の担当者がやって来て、「ユナイテッドウェイに加入しますか」と質問をするそうです。「加入する」と応えると、次に「では、給料の何パーセントを寄付しますか」と訊かれる。たとえば「1％寄付します」と答えると、その後、黙っていても申告した額が毎週、給料から天引きされていくといいます。そうして職域を中心に集まったお金が、全米に二千とも二千二百ともいわれるユナイテッドウェイのチャプター（分会）に集約されていきます。また、各チャプターでは、こうして集まった寄付をさまざまな公共サービス領域で活躍している市民団体に再配分することになります。

ユナイテッドウェイがもつ、この募金の天引性は実は日本の共同募金会にもある、との私見をもっています。本来、日本の共同募金会では「戸別募金」といって、地域の世帯一つひとつから寄付を募ることを建前としてきましたが、実態としては町内会や自治会が集める町内会費のなかから一括寄付する慣習が珍しくありません。米国と同様、日本の共同募金のしくみもいわば天引的な色彩をもってきたのです。

この寄付の天引制度には、便利な点と不便な点があります。便利な点はもちろん、寄付を集める側にしてみれば、少ない労力で安定的に寄付金を集めることができるということです。半面、寄付を出す側にしてみれば、一体いつ何時自分が寄付をしたのかさえ分からないような、募金制度への参加感の希薄さというのがあるかもしれません。両方とも、その寄付金の配分先についてあまり意識することがない「寄付の丸投げ」的な制度であったことも共通しています。

ところで、多くの共通点をもつ日本の共同募金会とアメリカのユナイテッドウェイですが、幸か不幸か、ユナイテッドウェイの方では一九九二年に大きなスキャンダルが起きました。ユナイテッドウェイのアンブレラ組織であるＵＷＡ（United Way of America）の経営者であるウィリアム・アラモニー氏が募金額のなかから多額の金銭を冗費として個人的に使ったのではないかという「着服」疑惑がそれでした。たとえば、募金でニューヨークにコンドミニアムを買ったのではないか、また、それを私的に利用しているのではないか。あるいは、ヨーロッパへの出張はなぜいつも料金が高いコンコルドなのか。なぜ車での移動は運転手付きのリムジンでなくてはならないのか。また、出張に個人的な関係にある女性を同伴したのではないか、等々の疑惑です。

その疑惑の真偽については裁判のなかで原告と被告、双方の主張が真っ向から対立したわけですが（結果、アラモニー氏は7年間の禁固刑に処せられるわけですが）、一連の疑惑問題のなかで、市民の間に、これまで信じて疑わなかったユナイテッドウェイに対する大いなる不信感が生じました。また、その結果としての寄付取り止め運動が盛り上がりを見せました。このような経緯から、ユナイテッドウェイの側で信頼を取り戻す切り札として選択した制度が「ドナーチョイス」という寄付者による使途指定寄付の制度でした。寄付は思いを伝える手段、という共同募金制度の原点に立ち戻るなら、大切なのは金額の大小ではなく、寄付に込める思い、すなわち社会のどの部分に問題の在り処を見出し、どのようなやり方で事態を改善していきたいのか意思表明をするという原初的なテーマに戻ったわけです。その後、ユナイテッドウェイへの米国民の信頼は緩やかに快復していったと聞きます。

市川市の市民税一％支援制度とユナイテッドウェイの一九九二年以降の改革とに共通するのは、お金を出す人が自分たちの出したお金の使途について責任をもつという態度です。つまり、公共領域のサービスに「お金を出す」という行為で参加するならば、その金がどういうルートをたどって、どういう結果をもたらすのかということを知ろうとする努力が大切なのだと思います。

10　ミッションの百貨店と専門店

ＮＰＯだけで果たして公共の領域のさまざまなサービスが担えるかと問われれば、答えは「たぶん無理」ということになろうかと思います。しかしながら、行政がこれまでと同じような方法で公共サービスを網羅的に担おうとすると、こちらもさまざまな困難があります。なぜなら主として次ような理由があるからです。

ひとつには、今日の市民は一面「わがままな市民」という側面をもっていて、その市民一人ひとりが思い描く理想の公共サービスのイメージというのは、かつてのように―たとえば、戦後の高度成長期のように―一つではない。モノを所有すれば幸せになれるという幻想とか、あるいは教育に対する信仰とか政府サービスに対する信頼といったものが失われつつある今、私たちは公共のサービスに十人十色の思い入れをもちはじめています。そこに政府が網をかけるようにサービスをかぶせようとしても、必ずとりこぼす領域が出てくると考えるのが自然です。

政府は、言うならば「ミッションの百貨店」のような存在だと思います。ミッションとは、それぞれの組織の構成員が明示的にも暗示的にも共有している組織の目標、目的、使命、あるいは存在理由のようなものです。政府を支えるのはさまざまな納税者が出す税金です。であるなら、さまざまな市民から集まる税金でサービスを実現している政府は、どうしても「ミッションの百貨店」としての役割を果たさざるを得ません。

他方で、新たに公共の担い手として注目されているＮＰＯは、いかに市川市が市民税の一％を振り向けるといってもほとんどがさまざまな財源の組み合わせによってやっと活動を維持しているような団体がほとんどです。そういう団体は「ミッションの百貨店」ではやっていけない。何となればミッションの百貨店であるならば、活動の焦点がボケますので、そのミッションの百貨店的なＮＰＯを支持する市民がどれほどいるかという問題に常に突き当たるからです。

そうすると、政府が「ミッションの百貨店」であるのに対して、ＮＰＯは「ミッションの専門店」、最近のはやりの言葉で言うとミッションのセレクトショップ的な色彩を持たざるを得ない。あらゆるミッションを棚に並べて「買ってください」ということではなく、「うちはこれだけでやっています」というような一点豪華主義的なテーマ性を示していくしかないのです。語呂合わせですが、政府がタコアシ的なミッションの広がりを期待されているのに対して、ＮＰＯは今後ますますタコツボ的な部分に入り込んでいかなければ支持も支援も得ることができないと思います。

11　通りを渡って隣人と手をつなぐ市民

冒頭、フランス人のアレクシ・ド・トクヴィルの話に少し触れました。トクヴィルは、国家中心主義的なフランス、すなわち個人の自由や安全を保障するためには国家があらゆる権利、権限というものを集中的にもたなければいけないという考え方に立つフランスにおいて珍しくさばけた人物であり、と同時に、官僚であり、法律家であり、貴族であるといった、まさに進歩的なエスタブリッシュメントでありました。

そのトクヴィルが一八〇〇年代初頭に、友人のボーモンと二人で、フランス政府からお金を出してもらって一年半、アメリカ中（はてはカナダまで）をぐるぐると訪問し、いろいろな発見をします。その結果が『アメリカの民主主義』という本に凝縮されているわけです。

トクヴィルが驚いたことのひとつは、アメリカにおけるアソシエーション——日本語で言うと結社と訳したり、団体と訳したりすることができるかと思いますが——が社会の隅々にまで浸透しているという事実でした。トクヴィルは『アメリカの民主主義』第二巻で、「あらゆる年齢、あらゆる地域、あらゆる性格のアメリカ人が、絶え間なく集ってはアソシエーションを結成している」というふうに書いていますし、また別のところでは、「アメリカ人は何か困難があると、通りを渡って隣人のところへ行く、そして隣人と手をつなぐ、すると連帯ができる、アソシエーションができる」とも記述しています。

その態度は、自国の態度、フランス人の態度、すなわち何か困難があったら通りを渡って役所へ行き、役所の門をたたくという態度とはあまりにもかけ離れていたのだろうと思います。

トクヴィル自身が後に語ったところによると、アメリカへ行って驚いたことの一つに、全米に二千以上の禁酒協会があるという事実でした。なんとか酒をやめたいという、普通に考えれば密やかで、きわめて個人的な目的のためにさえもすぐに隣人と手をつないで、あらゆる種類の禁酒協会を作るというアメリカ人の態度にびっくりしたといいます。

ニューヨークで七二七、マサチューセッツに二〇九、ペンシルバニアに一二四もの禁酒協会が当時もうすでにあって、そういう団体に集った人たちがみんなで励まし合いながらお酒を断とうという努力を続けている姿にトクヴィルは非常に感銘を受けたということなのだろうと思います。

12　おわりに　～アウトリーチ力、自己統治力、トレース力～

この会場にいらっしゃる多くの自治体職員の方々にとって、誰しもが関心をもつ今日的なテーマの一つは、やはり「市民と政府の協働」だろうと思います。すなわち自分たちがかつて独占的に担ってきた、自分たちが他の誰よりも上手くやれると自負してきた公共サービスの一部ないし全部を市民に委譲するにあたっては、気がかりなこと、不安や心配に思うことが尽きないことと思います。そもそも政府に勤めるみなさんのなかに、心から市民と協働したいと考えている方がどれほどいらっしゃるのか、私にははなはだ疑問です。

国や自治体で働いている方々にとって、市民と協働するということは、まずは「面倒臭い」という思いが先に立つことも多いはず。何となれば、かつては誰に邪魔されることもなく自分たちだけで自由にやれたことも、公共の仕事に不慣れな市民が一緒とあっては常に余計な説明や失敗の尻拭いをさせられるからです。また、何事にもきちんとした公務員のみなさんにとって、とかく市民とは「胡散臭い」もの。不特定多数の市民が相手の心労たるや計り知れません。さらには、市民はとかく「青臭い」理想をふりかざします。経験も知識も十分とはいえないのに、理想の社会、理想の未来を語りだしたら止まらない市民は、現実に生きるみなさんにはまったく理解困難な存在かもしれません。この、面倒臭い、胡散臭い、青臭いという市民特性としての「三臭い」は生真面目な自治体職員のあなたをすっかり当惑させ、疲弊させます。「協働アレルギー」は自治体職員のみなさんが抱える現代病の一つかもしれません。

しかしながら、あらゆる公共の領域を政府が独占的、寡占的に担うことは、ますます逼迫の度合いを強める地方財政の面からも到底許されることではありませんし、第一、「わがままな市民」のニーズは多様化の一途をたどり、何をもって公共的な仕事とするかの判断、すなわち国や自治体の仕事と民間の仕事とを線引きすることでさえ難しくなってきているのが現実です。

そこで、ぜひとも肝に銘じるべき自治体職員の態度として重要なのはパターナリズムからの脱却なのではないかと思います。放っておけば市民は失敗する、市民団体は常に行政の庇護下に置くべき存在である、といった温情主義的な考え方、やり方は、市民活動団体の自立心を弱めてしまうばかりか、行政の仕事を際限なく増やしてしまいます。過度のパターナリズム、温情主義から早く脱却して、市民団体との対等の関係を模索する時代がすでに到来しているのです。

また、市民活動団体の側でも、行政の信頼に足るような足腰の強さを身に着けていくことが肝要です。たとえば、アウトリーチ力。アウトリーチ力というのは、市民社会に自分たちの存在や活動を知らしめる能力のこと。すなわち自分たちの活動を人々に知らしめて、広く市民の参加を促すことです。この意味で、たとえば市川市の一%支援税制の試みなどは、市民活動団体にとって、市民に語りかけること、市民との接触面積を増やすことがやがて財務内容を良くしていくことにもつながるわけですから、一考に値するしくみだと思います。

さらに、自活力という力をつけることが市民活動団体に急がれています。つまり、自分たちで何とかやっていく。もう少し難しい言葉で言うならば、自己統治能力の強化ということになろうかと思います。

最後に、市民個々人でも身につけることが急がれる能力があると思います。それは、自分たちが出したお金のトレース力です。お金のトレーサビリティー（追跡可能性）とは、自分が出したお金―たとえば税金として出したお金、あるいは寄付金として出したお金―を出しっぱなしとはせず、その使途や効果をつぶさに見ていくという態度です。なかなかに難しいし、面倒なことだとは思いますが、関心は愛情です。「お任せ」にしないという態度が、政府や市民活動団体に一定の緊張感を与え、結局は市民社会全体を活性化するのだと思います。

【参考文献】

阿川尚之著『トクヴィルとアメリカへ』新潮社　一九九七年
佐藤慶幸著『NPOと市民社会～アソシエーション論の可能性～』有斐閣　二〇〇二年
トーマス・クーン著・中山茂訳『科学革命の構造』みすず書房　一九七一年
森泉章著『公益法人の研究』勁草書房　一九七九年

［資料編］

資料2の1　平成14年3月29日閣議決定（抜粋）

1　最近の社会・経済情勢の進展を踏まえ、民間非営利活動を社会・経済システムの中で積極的に位置付けるとともに、公益法人（民法第34条の規定により設立された法人）について指摘される諸問題に適切に対処する観点から、公益法人制度について、関連制度（NPO、中間法人、公益信託、税制等）を含め抜本的かつ体系的な見直しを行う。

2　上記見直しに当たっては、内閣官房を中心とした推進体制を整備し、関係府省及び民間有識者の協力の下、平成14年度中を目途に「公益法人制度等改革大綱（仮称）」を策定し、改革の基本的枠組み、スケジュール等を明らかにする。また、平成17年度末までを目途に、これを実施するための法制上の措置その他の必要な措置を講じる。

資料2の2　平成16年12月24日閣議決定（抜粋）

7　公益法人制度の抜本的改革

現行の公益法人（民法第34条に基づく社団及び財団をいう。以下同じ。）の制度の抜本的改革については、行政の在り方を見直す観点からも重要であることにかんがみ、現行の主務官庁による設立許可制度を廃止し、21世紀の我が国の社会経済にふさわしい透明性の高い新たな仕組みの構築を目指すなど、

「公益法人制度の抜本的改革に関する基本方針」（平成15年6月27日閣議決定）に基づき、改革を着実に実施していくものとする。

このため、一般的な非営利法人制度、公益性を有する非営利法人を判断する仕組み、現行公益法人の新たな制度への移行等について、その基本的枠組みを別紙3のとおり具体化し、これに基づき、更に具体的な検討を進めることとし、所要の法律案を平成18年の通常国会に提出することを目指す。

（別紙3）公益法人制度改革の基本的枠組み

1　改革の方向性

（2）基本的な仕組み

現行の公益法人の設立に係る許可主義を改め、法人格の取得と公益性の判断を分離することとし、公益性の有無に関わらず、準則主義（登記）により簡便に設立できる一般的な非営利法人制度を創設する。また、各官庁が裁量により公益法人の設立許可等を行う主務官庁制を抜本的に見直し、民間有識者からなる委員会の意見に基づき、一般的な非営利法人について目的、事業等の公益性を判断する仕組みを創設する。

資料2の3　民法の「公益法人」関連条文（抜粋）

（法人の成立）第33条　法人は、この法律その他の法律の規定によらなければ、成立しない。

（公益法人の設立）第34条　学術、技芸、慈善、祭祀、宗教その他の公益に関する社団又は財団であって、営利目的としないものは、主務官庁の許可を得て、法人とすることができる。

（名称の使用制限）第35条　社団法人又は財団法人でない者は、その名称中に社団法人若しくは財団法人という文字又はこれらと誤認されるおそれのある文字を用いてはならない。

（法人の業務の監督）第67条　法人の業務は、主務官庁の監督に属する。
2　主務官庁は、法人に対し、監督上必要な命令をすることができる。
3　主務官庁は、職権で、いつでも法人の業務及び財産の状況を検査することができる。

資料6の1　パブリックサポートテスト①

パブリックサポートテストにおいては、以下の算定式により計算された、直前2事業年度における総収入金額等のうちに占める受入寄附金総額等の割合が1／3以上であることが求められる。

$$\frac{\text{受入寄附金総額} - \boxed{\text{イの金額}}}{\text{総収入金額} - \boxed{\text{ロの金額}}} \geq \frac{1}{3}$$

イの金額・・・次の金額の合計
（1）受け入れた寄附金のうち、一者当たりの基準限度超過額（注）に相当する部分
（2）3000円未満の寄附金
（3）寄附者の氏名が不明な寄附金
ロの金額・・・次の金額の合計
（1）国又は地方公共団体からの補助金等
（2）法令の規定に基づき行われる事業で、その対価を国又は地方公共団体が負担

することとされているもの
（3）資産の売却による収入（臨時的なもの）
（4）遺贈等により受け入れた寄附金のうち、一者当たり基準限度超過額（注）に相当する部分
（5）3000円未満の寄附金
（6）寄附者の氏名が不明な寄附金

（注）一者当たり基準限度超過額とは、同一の者からの寄附金の額の合計額のうち受入寄附金総額の2％を超える部分の金額

資料6の2　パブリックサポートテスト②

1　パブリックサポートテスト要件の緩和
パブリックサポートテスト（注）に関し、算定方式・基準を以下のように緩和する。

（注）一般からの支持度合いを測るため、総収入金額のうち寄附金総額の占める割合を規定

1　1／3要件を1／5要件に緩和（平成15年4月1日～18年3月31日の間）
2　寄附金の算入基準限度額に関し、寄附金総額の2％から5％に緩和
3　総収入金額及び寄附金総額の算定に含めない一者からの寄附金額に関し、3000円未満から100

0円未満に緩和

4　国・地方公共団体及び国際機関からの委託事業費（国際機関からの補助金も含む）も総収入金額の算定から除外することに

2　広域性要件の削除

活動等が一市区町村を超えなくてはならないとする要件を削除

3　業務運営等要件の緩和

海外送金等を行う場合に事前に国税庁へ届出の必要な金額は200万円を超える場合とし、200万円以下の場合は事業年度終了後に報告とする。

【執筆者紹介】

○樽見　弘紀（たるみ・ひろのり）

現在、北海学園大学法学部教授。

1959年福岡県生まれ。立教大学経済学部卒業。1988年から1991年まで仕事および留学で米国に暮らす。ニューヨーク大学公共行政大学院（Robert F. Wagner School, NYU）修了後に帰国。立教大学法学研究科政治学専攻博士後期課程単位取得後、1999年4月より北海学園大学に勤務。同大法学部の講師、助教授を経て現在に至る。公職として他に、日本NPO学会常務理事、北海道NPOバンク理事など。

専門は、行政学、公共政策学、非営利組織（NPO）論。

著書に『市民の道具箱』（共著、岩波書店、2002年）、『アメリカに学ぶ市民が政治を動かす方法』（共訳、日本評論社、2002年）、『「企業の社会的責任論」の形成と展開』（共著、ミネルヴァ書房、2006年）などがある。

刊行のことば

「時代の転換期には学習熱が大いに高まる」といわれています。今から百年前、自由民権運動の時代、福島県の石陽館など全国各地にいわゆる学習結社がつくられ、国会開設運動へと向かう時代の大きな流れを形成しました。学習を通じて若者が既成のものの考え方やパラダイムを疑い、革新することで時代の転換が進んだのです。

そして今、全国各地の地域、自治体で、心の奥深いところから、何か勉強しなければならない、勉強する必要があるという意識が高まってきています。

北海道の百八十の町村、過疎が非常に進行していく町村の方々が、とかく絶望的になりがちな中で、自分たちの未来を見据えて、自分たちの町をどうつくり上げていくかを学ぼうと、この「地方自治土曜講座」を企画いたしました。

この講座は、当初の予想を大幅に超える三百数十名の自治体職員等が参加するという、学習への熱気の中で開かれています。この企画が自治体職員の心にこだまし、これだけの参加になった。これは、事件ではないか、時代の大きな改革の兆しが現実となりはじめた象徴的な出来事ではないかと思われます。

現在の日本国憲法は、自治体をローカル・ガバメントと規定しています。しかし、この五十年間、明治の時代と同じように行政システムや財政の流れは、中央に権力、権限を集中し、都道府県を通じて地方を支配、指導するという流れが続いておりました。まさに「憲法は変われど、行政の流れ変わらず」でした。しかし、今、時代は大きく転換しつつあります。そして時代転換を支える新しい理論、新しい「政府」概念、従来の中央、地方に替わる新しい政府間関係理論の構築が求められています。

この講座は知識を講師から習得する場ではありません。ものの見方、考え方を自分なりに受け止めてもらう。そして是非、自分自身で地域再生の自治体理論を獲得していただく、そのような機会になれば大変有り難いと思っています。

「地方自治土曜講座」実行委員長
北海道大学法学部教授　森　啓

（一九九五年六月三日「地方自治土曜講座」開講挨拶より）

地方自治土曜講座ブックレット No. 107
公共をめぐる攻防　―市民的公共性を考える―

２００６年７月31日　初版発行　　　定価（本体６００円＋税）

著　者　　樽見　弘紀
発行人　　武内　英晴
発行所　　公人の友社
〒112-0002　東京都文京区小石川５－２６－８
ＴＥＬ０３－３８１１－５７０１
ＦＡＸ０３－３８１１－５７９５
Ｅメール koujin@alpha.ocn.ne.jp
http://www.e-asu.com/koujin/

公人の友社のブックレット一覧
（06.7.31 現在）

「地方自治土曜講座」ブックレット

《平成7年度》

No.1
現代自治の条件と課題
神原勝　900円

No.2
自治体の政策研究
森啓　600円

No.3
現代政治と地方分権
山口二郎　[品切れ]

No.4
行政手続と市民参加
畠山武道　[品切れ]

No.5
成熟型社会の地方自治像
間島正秀　500円

No.6
自治体法務とは何か
木佐茂男　[品切れ]

No.7
自治と参加アメリカの事例から
佐藤克廣　[品切れ]

No.8
政策開発の現場から
小林　勝彦・大石和也・川村喜芳
[品切れ]

《平成8年度》

No.9
まちづくり・国づくり
五十嵐広三・西尾六七　500円

No.10
自治体デモクラシーと政策形成
山口二郎　500円

No.11
自治体理論とは何か
森啓　600円

No.12
池田サマーセミナーから
間島正秀・福士明・田口晃　500円

No.13
憲法と地方自治
中村睦男・佐藤克廣　500円

No.14
まちづくりの現場から
斎藤外一・宮嶋望　500円

No.15
環境問題と当事者
畠山武道・相内俊一　[品切れ]

No.16
情報化時代とまちづくり
千葉純・笹谷幸一　[品切れ]

No.17
市民自治の制度開発
神原勝　500円

《平成9年度》

No.18
行政の文化化
森啓　600円

No.19
政策法学と条例
阿倍泰隆　[品切れ]

No.20
政策法務と自治体
岡田行雄　[品切れ]

No.21
分権時代の自治体経営
北良治・佐藤克廣・大久保尚孝
600円

No.22
地方分権推進委員会勧告と
これからの地方自治
西尾勝　500円

No.23
産業廃棄物と法
畠山武道　[品切れ]

No.25
自治体の施策原価と事業別予算
小口進一　600円

No.26
地方分権と地方財政
横山純一　[品切れ]

《平成10年度》

No.27
比較してみる地方自治
田口晃・山口二郎　[品切れ]

No.28
議会改革とまちづくり
森啓　400円

No.29
自治の課題とこれから
逢坂誠二　[品切れ]

No.30
内発的発展による地域産業の
振興
保母武彦　600円

No.31
地域の産業をどう育てるか
金井一頼　600円

No.32
金融改革と地方自治体
宮脇淳　600円

No.33
ローカルデモクラシーの統治
能力
山口二郎　400円

No.34
政策立案過程への「戦略計画」
手法の導入
佐藤克廣　500円

No.35
98サマーセミナーから
「変革の時」の自治を考える
神原昭子・磯田憲一・大和田建太郎
600円

No.36
地方自治のシステム改革
辻山幸宣　400円

No.37
分権時代の政策法務
礒崎初仁　600円

No.38
地方分権と法解釈の自治
兼子仁　400円

No.39
市民的自治思想の基礎
今井弘道　500円

No.40
自治基本条例への展望
辻道雅宣　500円

No.41
少子高齢社会と自治体の福祉法務
加藤良重　400円

《平成11年度》

No.42
改革の主体は現場にあり
山田孝夫　900円

No.43
自治と分権の政治学
鳴海正泰　1,100円

No.44
公共政策と住民参加
宮本憲一　1,100円

No.45
農業を基軸としたまちづくり
小林康雄　800円

No.46
これからの北海道農業とまちづくり
篠田久雄　800円

No.47
自治の中に自治を求めて
佐藤　守　1,000円

No.48
介護保険は何を変えるのか
池田省三　1,100円

No.49
介護保険と広域連合
大西幸雄　1,000円

No.50
自治体職員の政策水準
森啓　1,100円

No.51
分権型社会と条例づくり
篠原　一　1,000円

No.52
自治体における政策評価の課題
佐藤克廣　1,000円

No.53
小さな町の議員と自治体
室崎正之　900円

No.54
地方自治を実現するために法が果たすべきこと
木佐茂男　［未刊］

No.55
改正地方自治法とアカウンタビリティ
鈴木庸夫　1,200円

No.56
財政運営と公会計制度
宮脇淳　1,100円

No.57
自治体職員の意識改革を如何にして進めるか
林嘉男　1,000円

《平成12年度》

No.59
環境自治体とＩＳＯ
畠山武道　700円

No.60
転型期自治体の発想と手法
松下圭一　900円

No.61
分権の可能性
スコットランドと北海道
山口二郎　600円

No.62
機能重視型政策の分析過程と財務情報
宮脇淳　800円

No.63
自治体の広域連携
佐藤克廣　900円

No.64
分権時代における地域経営
見野全　700円

No.65
町村合併は住民自治の区域の変更である。
森啓　800円

No.66
自治体学のすすめ
田村明　900円

No.67
市民・行政・議会のパートナーシップを目指して
松山哲男　700円

No.69
新地方自治法と自治体の自立
井川博　900円

No.70
分権型社会の地方財政
神野直彦　1,000円

No.71
自然と共生した町づくり
宮崎県・綾町
森山喜代香　700円

No.72
情報共有と自治体改革
ニセコ町からの報告
片山健也　1,000円

《平成13年度》

No.73
地域民主主義の活性化と自治体改革
山口二郎　600円

No.74
分権は市民への権限委譲
上原公子　1,000円

No.75
今、なぜ合併か
瀬戸亀男　800円

No.76
市町村合併をめぐる状況分析
小西砂千夫　800円

No.78
ポスト公共事業社会と自治体政策
五十嵐敬喜　800円

No.80
自治体人事政策の改革
森啓　800円

《平成14年度》

No.82
地域通貨と地域自治
西部忠　900円

No.83
北海道経済の戦略と戦術
宮脇淳　800円

No.84
地域おこしを考える視点
矢作弘　700円

No.87
北海道行政基本条例論
神原勝　1,100円

No.90
「協働」の思想と体制
森啓　800円

No.91
協働のまちづくり
三鷹市の様々な取組みから
秋元政三　700円

《平成15年度》

No.92
シビル・ミニマム再考
ベンチマークとマニフェスト
松下圭一　900円

No.93
市町村合併の財政論
高木　健二　800円

No.95
市町村行政改革の方向性
～ガバナンスとNPMのあいだ
佐藤克廣　800円

No.96
創造都市と日本社会の再生
佐々木雅幸　800円

No.97
地方政治の活性化と地域政策
山口二郎　800円

No.98
多治見市の政策策定と政策実行
西寺雅也　800円

No.99
自治体の政策形成力
森啓　700円

《平成16年度》

No100
自治体再構築の市民戦略
松下圭一　900円

No.101
維持可能な社会と自治
～『公害』から『地球環境』へ
宮本憲一　900円

No.102
道州制の論点と北海道
佐藤克廣　1,000円

No.103
自治基本条例の理論と方法
神原勝　1,100円

No.104
働き方で地域を変える
～フィンランド福祉国家の取り組み
山田眞知子　800円

《平成17年度》

No.107
公共をめぐる攻防
―市民的公共性を考える―
樽見弘紀　600円

No.108
三位一体改革と自治体財政
岡本全勝・山本邦彦・北良治・逢坂誠二・川村喜芳　1,000円

No.109
連合自治の可能性を求めて
サマーセミナー in 奈井江
松岡市郎・堀則文・三本英司・佐藤克廣・砂川敏文・北　良治　他
1,000円

No.110
「市町村合併」の次は「道州制」か
高橋彦芳・北良治・脇紀美夫・碓井直樹・森啓　1,000円

No.111
コミュニティビジネスと建設帰農
松本懿・佐藤　吉彦・橋場利夫・山北博明・飯野政一・神原勝
1,000円

「地方自治ジャーナル」ブックレット

No.2
政策課題研究の研修マニュアル
首都圏政策研究・研修研究会
1,359円

No.3
使い捨ての熱帯林
熱帯雨林保護法律家リーグ　971円

No.4
自治体職員世直し志士論
村瀬誠　971円

No.5
行政と企業は文化支援で何ができるか
日本文化行政研究会　1,166円

No.7
パブリックアート入門
竹田直樹　1,166円

No.8
市民的公共と自治
今井照　1,166円

No.9
ボランティアを始める前に
佐野章二　777円

No.10
自治体職員の能力
自治体職員能力研究会　971円

No.11
パブリックアートは幸せか
山岡義典　1,166円

No.12
市民がになう自治体公務
パートタイム公務員論研究会
1,359円

No.13
行政改革を考える
山梨学院大学行政研究センター
1,166円

No.14
上流文化圏からの挑戦
山梨学院大学行政研究センター
1,166円

No.15
市民自治と直接民主制
高寄昇三　951円

No.16
議会と議員立法
上田章・五十嵐敬喜　1,600円

No.17
分権段階の自治体と政策法務
松下圭一他　1,456円

No.18
地方分権と補助金改革
高寄昇三　1,200円

No.19
分権化時代の広域行政
山梨学院大学行政研究センター
1,200円

No.20
あなたのまちの学級編成と地方分権
田嶋義介　1,200円

No.21
自治体も倒産する
加藤良重　1,000円

No.22
ボランティア活動の進展と自治体の役割
山梨学院大学行政研究センター
1,200円

No.23
新版・2時間で学べる「介護保険」
加藤良重　800円

No.24
男女平等社会の実現と自治体の役割
山梨学院大学行政研究センター
1,200円

No.25
市民がつくる東京の環境・公害条例
市民案をつくる会　1,000円

No.26
東京都の「外形標準課税」はなぜ正当なのか
青木宗明・神田誠司　1,000円

No.27
少子高齢化社会における福祉のあり方
山梨学院大学行政研究センター
1,200円

No.28
財政再建団体
橋本行史　1,000円

No.29
交付税の解体と再編成
高寄昇三　1,000円

No.30
町村議会の活性化
山梨学院大学行政研究センター
1,200円

No.31
地方分権と法定外税
外川伸一　800円

No.32
東京都銀行税判決と課税自主権
高寄昇三　1,000円

No.33
都市型社会と防衛論争
松下圭一　900円

No.34
中心市街地の活性化に向けて
山梨学院大学行政研究センター
1,200円

No.35
自治体企業会計導入の戦略
高寄昇三　1,100円

No.36
行政基本条例の理論と実際
神原勝・佐藤克廣・辻道雅宣
1,100円

No.37
市民文化と自治体文化戦略
松下圭一　800円

No.38
まちづくりの新たな潮流
山梨学院大学行政研究センター
1,200円

No.39
ディスカッション・三重の改革
中村征之・大森彌　1,200円

No.40
政務調査費
宮沢昭夫　800円

No.41
市民自治の制度開発の課題
山梨学院大学行政研究センター
1,100円

TAJIMI CITY ブックレット

No.2
転型期の自治体計画づくり
松下圭一　1,000円

No.3
これからの行政活動と財政
西尾勝　1,000円

No.4
構造改革時代の手続的公正と第2次分権改革
手続的公正の心理学から
鈴木庸夫　1,000円

No.5
自治基本条例はなぜ必要か
辻山幸宣　1,000円

No.6
自治のかたち法務のすがた
政策法務の構造と考え方
天野巡一　1,100円

No.7
自治体再構築における行政組織と職員の将来像
今井照　1,100円

No.8
持続可能な地域社会のデザイン
植田和弘　1,000円

No.9
政策財務の考え方
加藤良重　1,000円

No.10
市場化テストをいかに導入するべきか—市民と行政—
竹下譲　1,000円

朝日カルチャーセンター 地方自治講座ブックレット

No.1
自治体経営と政策評価
山本清　1,000円

No.2
ガバメント・ガバナンスと行政評価システム
星野芳昭　1,000円

No.4
政策法務は地方自治の柱づくり
辻山幸宣　1,000円

No.5
政策法務がゆく！
北村喜宣　1,000円

政策・法務基礎シリーズ
—東京都市町村職員研修所編

No.1
これだけは知っておきたい自治立法の基礎
600円

No.2
これだけは知っておきたい政策法務の基礎
800円

地域ガバナンスシステム・シリーズ
（龍谷大学地域人材・公共政策開発システムオープン・リサーチ・センター企画・編集）

No.1
地域人材を育てる自治体研修改革
土山希美枝　900円

No.2
公共政策教育と認証評価システム—日米の現状と課題—
坂本勝 編著　1,100円

No.3
暮らしに根ざした心地良いまち
野呂昭彦・逢坂誠二・関原剛・吉本哲郎・白石克孝・堀尾正靱
1,100円